FRATERNITÉ

Souviens-toi d'aimer ! Mots affichés au-dessus du lit de l'abbé Pierre dans sa retraite d'Esteville

Collection dirigée par Marc de Smedt et Michel Piquemal

PAROLES DE FRATERNITÉ

Recueillies par Michel Piquemal

Présentées par l'abbé Pierre

Images de Mireille Vautier

ALBIN MICHEL

Mon message ? Il n'y en a qu'un je crois, et c'est un cri : « Partageons ! Donnons ! Tendons la main aux autres ! Gardons toujours comme un carreau cassé dans nos univers bien feutrés pour entendre les plaintes qui viennent du dehors. »

Fraternellement
Tous ensemble
dans la Joie
de la difficile
et sûre Espérance

Abbé Pierre +

30 Janv. 95

Il fait froid et nous, nous avons chaud ! Mais, pendant ce temps, toutes les nuits, il y a des hommes et des femmes, des petits enfants qui, en plein Paris, nous le voyons toutes les nuits, sont étendus sur le trottoir. On se demande quand on passe devant si ce sont des hommes ou des choses.

Pour les chiens qui crèvent dehors, il y a une fourrière. Est-ce que pour nos frères et nos sœurs, il n'y aurait rien ? Les asiles sont pleins, nous a-t-on dit. Un brave homme d'agent à qui l'on disait « Mais vous ne pouvez pas les conduire quelque part ? » nous répondit : « S'ils ne sont pas morts, nous n'avons pas de consignes. » S'ils étaient morts, on appellerait la morgue.

Mais pour les vivants, y a pas de place. Alors, il faut que nous fassions quelque chose. (...)

Aidez-nous ! Aidez-nous pour qu'on puisse leur mettre des tentes, des hangars, de la paille, leur donner une soupe chaude.

Il n'est pas possible que nos frères vivent et meurent comme cela, sinon véritablement nous sommes pires que des sauvages. Aidez-nous !

Abbé Pierre

Troisième appel radio, Paris, mars 1954

Sur un sentier raide et pierreux
j'ai rencontré une petite fille
qui portait sur le dos son jeune frère.
« Mon enfant, lui ai-je dit,
tu portes un lourd fardeau. »

Elle me regarde et dit :
« Ce n'est pas un fardeau,
monsieur,
c'est mon frère. »

Je restais interdit.
Le mot de cette enfant courageuse
s'est gravé dans mon cœur.

Et quand la peine des hommes m'accable
et que tout le courage me quitte,
le mot de l'enfant me rappelle :
Ce n'est pas un fardeau que tu portes,
c'est ton frère...

Bulletin de l'Action des Chrétiens
pour l'Abolition de la Torture

Je dormais et je rêvais que la vie n'était que joie.
Je m'éveillai et je vis que la vie n'était que service.
Je servis, et je compris que le service était joie.

Rabindranâth Tagore

ayez de la compassion
pour tous les êtres vivants
et prenez le temps
de vous arrêter près d'eux
s'ils ont besoin d'eau,
que ce soit celle
qui fait vivre le corps
ou celle qui régénère l'âme.

Le Dalaï Lama

Il y a sur la terre de telles immensités de misère, de détresse, de gêne et d'horreur que l'homme heureux n'y peut songer sans prendre honte de son bonheur. Et pourtant ne peut rien pour le bonheur d'autrui celui qui ne sait être heureux lui-même.
Je sens en moi l'impérieuse obligation d'être heureux. Mais tout bonheur me paraît haïssable qui ne s'obtient qu'aux dépens d'autrui et par des possessions dont on le prive (...). Pour moi, j'ai pris en aversion toute possession exclusive ; c'est de don qu'est fait le bonheur, et la mort ne me retirera des mains pas grand-chose. (...)

Mon bonheur est d'augmenter celui des autres.
J'ai besoin du bonheur de tous
pour être heureux.

André Gide

CE N'EST PAS ASSEZ
DE POSSÉDER LE SOLEIL
SI NOUS NE SOMMES
CAPABLES DE LE DONNER !

Paul Claudel

Tout homme

porte en lui comme un creux,
comme la marque de Dieu :
une soif d'amour illimitée.

Abbé Pierre

vou

L'amour ne supprime pas seulement la crainte de la mort, mais encore la pensée de la mort. Une vieille paysanne disait à sa fille, quelques heures avant sa fin, qu'elle était contente de mourir en été. Lorsque sa fille lui demanda pourquoi, la moribonde répondit : « C'est parce qu'il est plus difficile de creuser la tombe en hiver qu'en été. »
La vieille n'avait pas de peine à mourir parce que, jusqu'au dernier moment, elle ne pensait pas à elle-même mais aux autres. Accomplis des œuvres d'amour et il n'y aura pas de mort pour toi.

Léon Tolstoï

Il y a
seulement
de la
malchance
à n'être
pas aimé :
il y a du
malheur
à ne point
aimer.

Albert Camus

Fortune

Il y a toujours quelque part
quelqu'un   debout devant une porte
inconnu   ennemi   ami
noir, jaune ou blanc qu'importe

parle pour l'amitié
viens au secours
de celui qui attend
laisse parler le cœur

la porte que tu ouvres
est chance pour lui
chance pour toi

ta générosité est ta fortune

Joseph Paul Schneider

À Rio de Janeiro, dans un de ces bidonvilles ravagés par la mousson, Renée, une jeune Française, tenait depuis quinze ans un dispensaire pour un groupe de dix mille habitants vivant dans des trous faits dans la terre ou dans des huttes accrochées au flanc de la montagne. Un jour, alors qu'elle terminait un pansement, une pauvre femme noire arrive et, mine de rien, pose sur la table un petit paquet, puis veut s'en aller. Renée l'appelle et lui pose la question :

– Mais qu'est-ce que c'est ?
La maman sourit et lui dit :
– C'est pour toi !
Renée lui dit d'attendre ; elle finit son pansement, puis ouvre le paquet : il y avait un kilo de pommes de terre. Et Renée de lui dire :
– Qu'est-ce que cela ? Je ne suis pas riche, mais j'ai le nécessaire. Emporte vite cela pour tes gosses, pour ta famille.
La maman insista et, comme l'infirmière refusait toujours, elle murmura :
– Alors tu ne veux pas que j'aie une fois, moi aussi, la joie de te donner quelque chose ?

Abbé Pierre

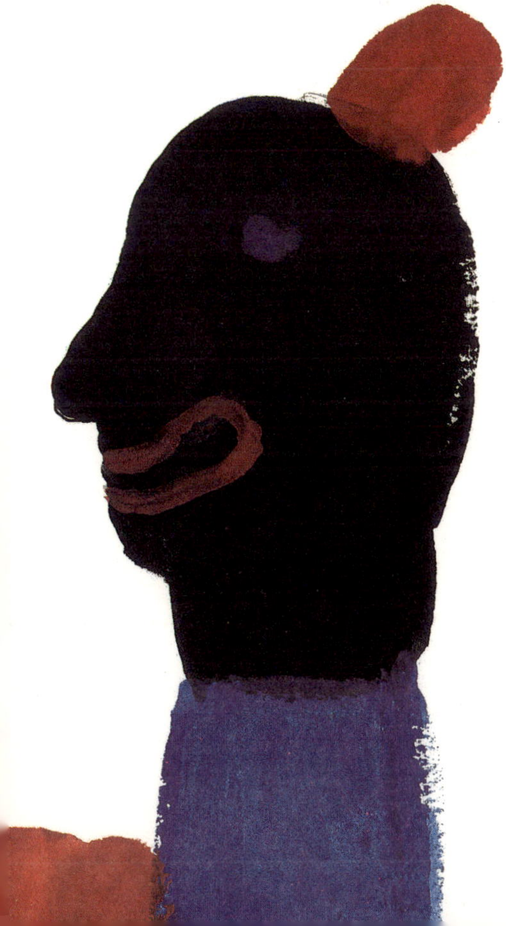

Ne pense jamais : à quoi bon ! Ce n'est qu'une bête !
Ne pense jamais : c'est bien fait ; il l'avait mérité.
Ne pense jamais : ils sont trop ; peut-on les secourir tous ?
Ne pense jamais : cela ne me regarde pas.

*M*ais plains deux fois celui qui est toute chair et souffre
tout entier ; celui qui est coupable et deux fois malheureux.
Soulage parmi tant d'autres celui qui se trouve à ta portée,
– qui n'est pas soulagé de ce que d'autres souffrent –
– car il souffre de sa souffrance seule –
car il n'y a qu'une souffrance et tu ne peux la soulager qu'en lui.
Sache que toute souffrance te regarde, ô mortel !

Lanza del Vasto

amis bien aimés

ma loulou est partie pour le pays de l'envers du décor, un homme lui a donné 9 coups de poignard dans sa peau douce. C'est la société qui est malade, il nous faut la remettre d'aplomb et d'équerre par l'amour et l'amitié et la persuasion.
C'est l'histoire de mon petit amour à moi arrêté sur le seuil de ses 33 ans. Ne perdons pas courage ni vous ni moi. Je vais continuer ma vie et mes voyages avec ce poids à porter en plus et mes deux chéris qui lui ressemblent.
Sans vous commander, je vous demande d'aimer beaucoup plus que jamais ceux qui vous sont proches ; le monde est une triste boutique, les cœurs purs doivent se mettre ensemble pour l'embellir, **il faut reboiser l'âme humaine**.
Je resterai sur le pont, je resterai un jardinier, je cultiverai mes plantes de langage. À travers mes dires, vous retrouverez ma bien aimée ; il n'est de vrai que l'amitié et l'amour.
Je suis maintenant très loin au fond du panier des tristesses.
On doit manger, chacun, dit-on, un sac de charbon pour aller en paradis, ah comme j'aimerais qu'il y ait un paradis, comme ce serait doux les retrouvailles. En attendant, à vous autres, mes amis de l'ici-bas, face à ce qui m'arrive, je prends la liberté, moi qui ne suis qu'un histrion, qu'un batteur de planches, qu'un comédien qui fait du rêve avec du vent, je prends la liberté de vous écrire pour vous dire ce à quoi je pense aujourd'hui : je pense de toutes mes forces qu'il faut s'aimer à tort et à travers.

Julos Beaucarne
Texte écrit dans la nuit
du 2 au 3 février 1975,
après l'assassinat de sa femme

Puissé-je être pour toutes les créatures
celui qui calme les douleurs !
Puissé-je être pour le malade le remède, l'infirmier,
le médecin, jusqu'à la disparition de la maladie !
Puissé-je être pour les pauvres
un trésor inaliénable.

Puissé-je être le protecteur des abandonnés,
le guide de ceux qui cheminent, la barque, le gué,
le pont pour ceux qui désirent l'autre rive,
Puissé-je être la lampe de ceux
qui ont besoin de lampe,
le serviteur de ceux qui ont besoin de serviteurs.

Cantideva, Boddhicaryavatara

Je ne suis pas venu vous demander de l'argent,
mais beaucoup plus !
Gardez cet argent qui pourrit tout, partout...
Tant qu'il n'est pas précédé du don de vous-même,
de votre présence parmi ceux qui souffrent,
il est inutile. Il gâche au lieu de sauver.

Abbé Pierre

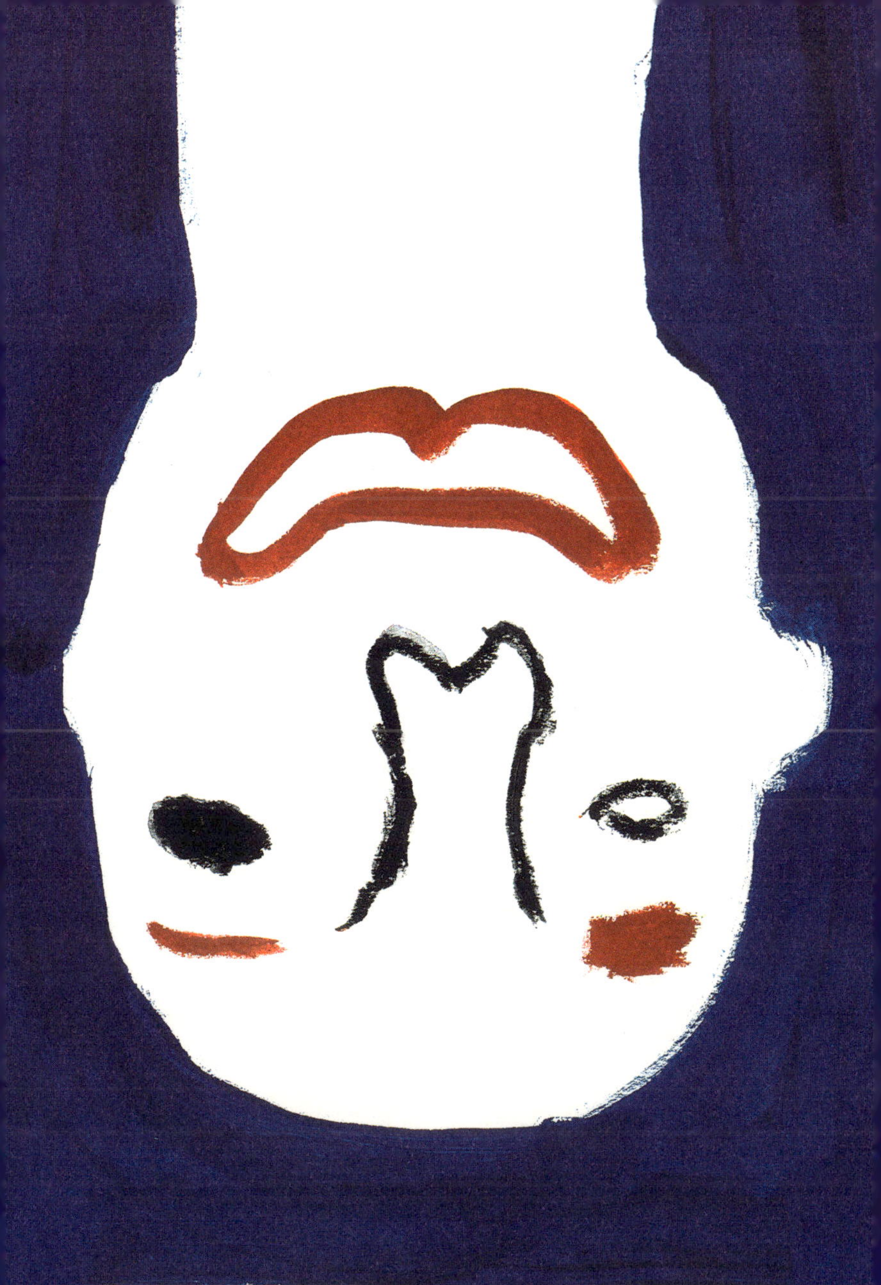

Un sourire coûte moins cher que l'électricité,
mais donne autant de lumière.

Abbé Pierre

Alors le roi dira à ceux qui seront à sa droite : Venez, les bénis de mon Père, recevez en partage le Royaume qui a été préparé pour vous depuis la fondation du monde. Car j'ai eu faim et vous m'avez donné à manger ; j'ai eu soif et vous m'avez donné à boire ; j'étais un étranger et vous m'avez recueilli ; nu, et vous m'avez vêtu ; malade, et vous m'avez visité ; en prison, et vous êtes venus à moi. Alors les justes lui répondront : Seigneur, quand nous est-il arrivé de te voir affamé et de te nourrir, assoiffé et de te donner à boire ? Quand nous est-il arrivé de te voir étranger et de te recueillir, nu et de te vêtir ? Quand nous est-il arrivé de te voir malade ou en prison, et de venir à toi ? Et le roi leur répondra : En vérité, je vous le déclare, chaque fois que vous l'avez fait à l'un de ces plus petits, qui sont mes frères, c'est à moi que vous l'avez fait !

Le jugement dernier – Sainte Bible

En ces moments dramatiques que vit le monde, l'artiste doit pleurer et rire avec son peuple. Il faut laisser là le bouquet de lys et se plonger dans la boue jusqu'à la ceinture pour aider ceux qui cherchent les lys.

Federico Garcia Lorca

J'AI DÉCIDÉ – doucement –

– mortellement –

DE BÂTIR

avec toutes mes chansons

un pont interminable vers la dignité, pour qu'y passent,

un par un,

les hommes humiliés de la Terre.

Roberto Sosa

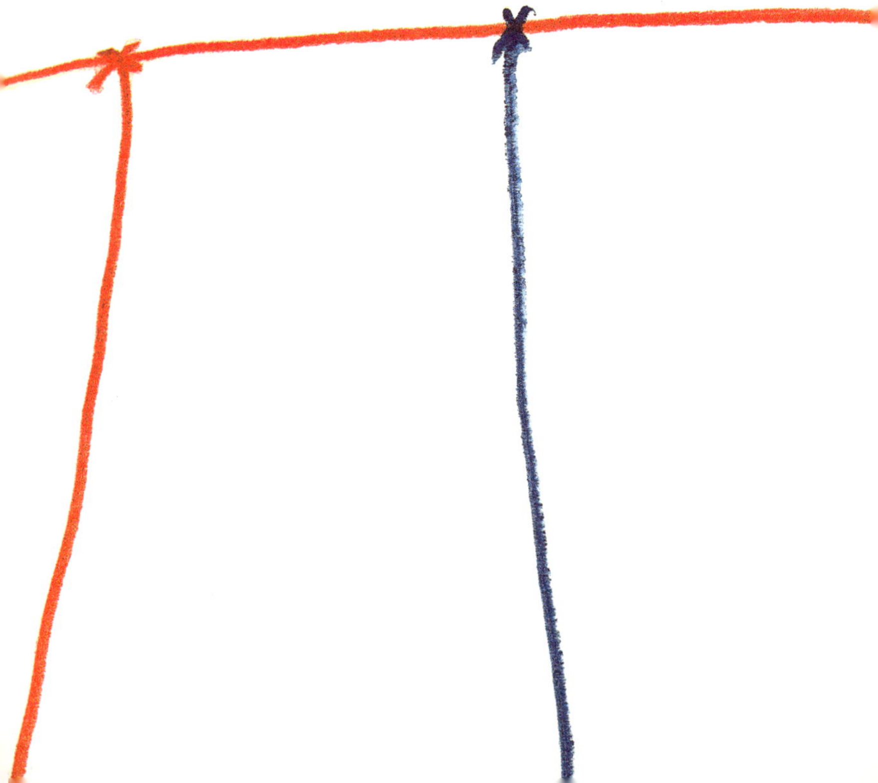

jeanne

Chez Jeanne, la Jeanne,
Son auberge est ouverte aux gens sans feu ni lieu,
On pourrait l'appeler l'auberge du Bon Dieu
S'il n'en existait déjà une,
La dernière où l'on peut entrer
Sans frapper, sans montrer patte blanche...

Chez Jeanne, la Jeanne,
On est n'importe qui, on vient n'importe quand,
Et, comme par miracle, par enchantement,
On fait parti' de la famille,
Dans son cœur, en s'poussant un peu,
Reste encore une petite place...

La Jeanne, la Jeanne,
Elle est pauvre et sa table est souvent mal servie,
Mais le peu qu'on y trouve assouvit pour la vie,
Par la façon qu'elle le donne,
Son pain ressemble à du gâteau
Et son eau à du vin comm' deux gouttes d'eau...

La Jeanne, la Jeanne,
On la pai' quand on peut des prix mirobolants :
Un baiser sur son front ou sur ses cheveux blancs,
Un semblant d'accord de guitare,
L'adresse d'un chat échaudé
Ou d'un chien tout crotté comm' pourboire...

La Jeanne, la Jeanne,
Dans ses rose' et ses choux n'a pas trouvé d'enfant,
Qu'on aime et qu'on défend contre les quatre vents,
Et qu'on accroche à son corsage,
Et qu'on arrose avec son lait...
D'autres qu'elle en seraient tout' chagrines...

Mais Jeanne, la Jeanne,
Ne s'en souci' pas plus que de colin-tampon,
Être mère de trois poulpiquets, à quoi bon !
Quand elle est mère universelle,
Quand tous les enfants de la terre,
De la mer et du ciel sont à elle...

Georges Brassens

Lorsqu'un seul homme rêve,

ce n'est qu'un rêve.

Mais si beaucoup d'homme

c'est le début

rêvent ensemble, d'une nouvelle réalité.

Hundertwasser

Seul, en ce moment, inquiet de tendresse et songeur,
Il me semble qu'il y a d'autres hommes en d'autres contrées
inquiets de tendresse et songeurs.

Il me semble que je puis jeter un coup d'œil et les voir
En Allemagne, Italie, France, Espagne,
Ou là-bas, très loin, en Chine ou en Russie, ou au Japon,
parlant d'autres dialectes.

Et il me semble que si je pouvais connaître ces hommes-là
Je m'attacherais à eux, comme je m'attache aux hommes
de mon pays.
Oh ! je sais que nous serions frères et amis.
Je sais que je serais heureux avec eux.

Walt Whitman

Chacun est seul
responsable
de tous.

Saint-Exupéry

Les hommes sont mes joyeux camarades, mes compagnons de pèlerinage qui charment le chemin, mais qui m'abandonneront au premier tournant de la route, car il y a une route sur laquelle personne n'ira aussi loin que moi. Chacun de nous marche à l'avant-garde. L'enfant le plus faible s'offre aux destinées aussi nu que ses parents. Les parents et amis divertissent le jeune homme ; ils ne peuvent se placer entre lui et son sort. C'est là le côté sans défense de chaque homme.

Henry David Thoreau

C'était au soir tombant d'un jour d'été –

j'avais parqué ma voiture devant une cabane. J'avais soif.

Une vieille femme vêtue de noir me donna à boire de l'eau

fraîche à même la cruche :

« Merci, grand-mère », lui dis-je. « Bonne liberté, mon enfant »

me répondit-elle.

« Bonne liberté, grand-mère », lui dis-je à nouveau – et je

sentis que je la lui devais.

Elle m'ôta la casquette et m'épongea le front de sa main

(Vous savez,

les vieilles dames peuvent aussi sourire). La liberté,

chacun de nous la doit donc à tous.

Une liberté qui ne serait que pour un seul homme ne sert à rien

(si tant est qu'elle existe).

Elle ne vaut rien même pour lui : « Alors, adieu, grand-mère.

Bonne liberté donc » –

et je me frottai un peu les yeux – le brouillard de la nuit

tombait,

bleu déjà ; je commençais à ne plus voir clair.

Yannis Ritsos

Il nous faut dans la nuit lancer des passerelles.

Saint-Exupéry

Qu'une place soit faite à celui qui approche,
Personnage ayant froid et privé de maison.

Personnage tenté par le bruit d'une lampe,
Par le seuil éclairé d'une seule maison.

Et s'il reste recru d'angoisse et de fatigue,
Qu'on redise pour lui les mots de guérison.

Que faut-il à ce cœur qui n'était que silence,
Sinon des mots qui soient le signe et l'oraison,

Et comme un peu de feu soudain la nuit,
Et la table entrevue d'une pauvre maison ?

Yves Bonnefoy

Je crois en l'homme, cette ordure.
Je crois en l'homme, ce fumier,
Ce sable mouvant, cette eau morte.

Je crois en l'homme, ce tordu,
Cette vessie de vanité.
Je crois en l'homme, cette pommade,
Ce grelot, cette plume au vent,
Ce boute-feu, ce fouille-merde.
Je crois en l'homme, ce lèche-sang.

Malgré tout ce qu'il a pu faire
De mortel et d'irréparable.
Je crois en lui
Pour la sûreté de sa main,
Pour son goût de la liberté,
Pour le jeu de sa fantaisie.

Pour son vertige devant l'étoile.
Je crois en lui
Pour le sel de son amitié,
Pour l'eau de ses yeux, pour son rire,
Pour son élan et ses faiblesses.

Je crois à tout jamais en lui
Pour une main qui s'est tendue.
Pour un regard qui s'est offert.
Et puis surtout et avant tout
Pour le simple accueil d'un berger.

Lucien Jacques

Toute chose a deux anses : l'une par où on peut la porter, l'autre par où l'on ne peut pas. Si ton frère a des torts, ne le prends pas du côté par où il a des torts ; ce serait l'anse par où on ne peut rien porter. Prends-le plutôt par l'autre, te rappelant qu'il est ton frère, qu'il a été nourri avec toi, et tu prendras la chose par où on peut la porter.

Epictète

Le sourire au lépreux

Une léproserie. Au sens le plus navrant, le plus odieux du terme... Des hommes qui ne font rien, auxquels on ne fait rien et qui tournent en rond dans leur cour, dans leur cage... Des hommes seuls. Pis : abandonnés. Pour qui tout est déjà silence et nuit.

L'un d'eux pourtant, un seul, a gardé les yeux clairs. Il sait sourire, et lorsqu'on lui offre quelque chose, dire merci. L'un d'eux, un seul, est demeuré un homme.

La religieuse voulut connaître la cause de ce miracle. Ce qui le retenait à la vie... Elle le surveilla. Et elle vit que chaque jour, par-dessus le mur si haut, si dur, un visage apparaissait. Un petit bout de visage de femme, gros comme le poing, et qui souriait. L'homme était là, attendant de recevoir ce sourire, le pain de sa force et de son espoir... Il souriait à son tour et le visage disparaissait. Alors il recommençait son attente jusqu'au lendemain.

Lorsque la missionnaire l'interrogea : « C'est ma femme, dit-il simplement. Avant que je vienne ici, elle m'a soigné en cachette. Avec tout ce qu'elle a pu trouver. Un féticheur lui avait fourni une pommade. Elle m'en enduisait chaque jour la figure... sauf un petit coin. Juste assez pour y poser ses lèvres. Mais ce fut en vain. Alors, on m'a ramassé. Mais elle m'a suivi. Et lorsque chaque jour je la vois, je sais par elle que je suis vivant et je dis : Merci ! »

Raoul Follereau

. **Abbé Pierre**, Troisième appel radio au Gaumont Palace, Paris, mars 1954.
. Bulletin de l'Action des Chrétiens pour l'Abolition de la Torture.
. **André Gide**, *Les Nouvelles Nourritures*, Gallimard, 1935.
. **Léon Tolstoï**, *La Pensée de l'humanité*, trad. E. Halperine-Kaminsky, Éditions Moderne, 1912.
. **Paul Claudel**, *Feuilles de saints*, Gallimard, 1925.
. **Albert Camus**, *Noces, suivi de l'été*, Gallimard, 1989.
. **Joseph Paul Schneider**, *Pays-signe : poésie 1970-80*, Éditions Saint-Germain-des-Prés, 1983.
. **Abbé Pierre**, Conférence donnée à Lugano à l'occasion de la « Semaine de sensibilisation sur la faim dans le monde », 1966.
. **Lanza del Vasto**, *Principes et prétextes du retour à l'évidence*, Éditions Denoël, 1973.
. **Julos Beaucarne**, lettre parue in *Mon terroir, c'est les galaxies*, Éditions Louise Hélène France, 1980.
. **Cantideva Boddhicaryavatara**, cité in Marguerite Yourcenar *La Voix des choses*, Gallimard, 1987.
. **Abbé Pierre**, Conférence lors du premier voyage en Amérique et au Canada, mars 1955.
. **Federico Garcia Lorca**, *Interviews et déclarations* : *Dialogue avec le caricaturiste Bagaria* in Pléïade, édition établie par André Belamich, Gallimard, 1990.
. **Roberto Sosa** (Honduras), *Un monde divisé pour tous*, trad. Medina Oviedo, Seghers, 1977.
. *Jeanne*, chanson de **Georges Brassens**, © 1966, Éditions musicales 57.
. **Walt Whitman**, *Feuilles d'herbes*, trad. Léon Bazalgette, Mercure de France.
. **Antoine de Saint-Exupéry**, *Pilote de guerre*, Gallimard, 1942.
. **Henry David Thoreau**, *Journal*, Denoël, 1986.
. **Yannis Ritsos**, *Gestes* (édition bilingue), trad. C. Prokopaki et A. Vitez, Éditeurs français réunis, 1972.
. **Antoine de Saint Exupéry**, *Terre des hommes*, Gallimard, 1981.
. **Yves Bonnefoy**, *Qu'une place soit faite à celui qui approche* in *Vrai Lieu-Poèmes*, Mercure de France, 1978.
. **Lucien Jacques** (1898-1961), *Florilège poétique*, Les Cahiers de l'Artisan, 1954.
. **Raoul Follereau**, *La seule vérité c'est d'aimer*, Flammarion.

Nous remercions messieurs les Auteurs et Éditeurs qui ont bien voulu nous autoriser à reproduire les textes ou fragments de textes dont le copyright reste leur propriété. Malgré nos efforts, nous n'avons pu, pour certains textes, en identifier les ayants droit. Nous prions ceux-ci de bien vouloir prendre contact avec nous afin de combler ces lacunes.

Imprimé en France par Pollina, 85400 Luçon - n° 68655

FRATERNITÉ